전쟁으로 보는 서양사

초판 1쇄 발행 2022년 11월 30일
초판 4쇄 발행 2024년 5월 30일

글	살라흐 앗 딘
그 림	압둘와헤구루
펴 낸 이	김동하
편 집	이주형
마 케 팅	이인애·강현지
펴 낸 곳	부커
출판신고	2015년 1월 14일 제2016-000120호
주 소	(10881) 경기도 파주시 산남로5-86
문 의	(070) 7853-8600
팩 스	(02) 6020-8601
이 메 일	books-garden1@naver.com
포 스 트	post.naver.com/books-garden1

ISBN 979-11-6416-134-8 (07920)

이 책은 저작권법에 따라 보호받는 저작물이므로 무단 전재와 무단 복제를 금합니다.
잘못된 책은 구입처에서 바꾸어 드립니다.
책값은 뒤표지에 있습니다.

글 살라흐 앗 딘
그림 압둘와헤구루

서문

전쟁은 변하지 않는다

　평화의 시대를 사는 사람들에게 전쟁이라는 단어는 막연하게 느껴질지도 모르겠다. 드라마나 영화에서 볼 법한, 사람이 쓰러지고 도시가 불타는 비현실적인 광경은 이제 21세기를 살아가는 우리 주변에서는 보이지 않는다. 있어봤자 컴퓨터 게임 속에서 검을 휘두르고 말을 타는 게 고작이다. 그 정도로 우리는 평화로운 시대에 살고 있다. 아니, 살고 있다고 생각했다. 하지만 그런 낙관적인 시선들은 러시아 — 우크라이나 전쟁으로 인해 산산조각이 났다. 사실, 우리는 평화의 시대에 살아본 적이 없다. 러시아 — 우크라이나 전쟁 전에도 크고 작은 전쟁이 곳곳에서 일어나고 있었으며 그 과정에서 누군가는 죽고 누군가는 다쳤다. 그래, 우리는 몰랐을 뿐이다. 하지만 이제 우리는 안다. SNS에 올라오는 끔찍한 소식들과 참담한 사진은 전쟁의 풍경을 우리의 안방, 우리의 머릿속, 우리의 마음속으로 옮겨놨다. 언제 어디에서나 스마트폰만 있으면 전쟁 정보를 찾을 수 있는 시대에서 전쟁은 우리에게 한 가지 질문을 던졌다.

　'대체 이런 전쟁은 왜 일어나는가? 왜 사람들이 다치고 죽고 아파야 하는가?'

　독일의 철혈재상으로 유명한 오토 폰 비스마르크는 이렇게 말했다. '전투를 앞둔 병사의 눈빛을 본 사람이라면 전쟁을 일으키는 것을 다시 생각해 볼 것이다.' 철모를 쓰고 인상적인 콧수염을 기른 강인한 얼굴 때문에 종종 호전적인 전쟁광이라는 오해를 받지만, 사실 그는 전쟁이 야기하는 비극을 누구보다 잘 알고 있는 사람이었다. 그는 전쟁이 파괴적이고 막강한 힘을 발휘하는 만큼 결정적인 순간에만 총칼을 사용해야 마땅하다고 여겼고 또 그렇게 하였다. 비스마르크가 살던 시대이든, 우리가 살아가고 있는 시대이든, 심지어 알렉산드로스 3세가 살던 고대이든 전쟁의 본질은 변하지 않았다. 아무리 과학 기술이 발전하고 무기가 바뀌어도 전쟁이 사람끼리 죽이는 행위라는 점은 그대로이기 때문이다. 하지만 그렇다고 해서 눈을 가리고 언제까지나 전쟁의 잔혹함과 어리석음에서 도망칠 수만은 없다. 이제는 전쟁이 어떤 것인지, 얼마나 바보 같은 짓인지, 우리가 냉철하고 정확한 판단을 할 것이라고 굳게 믿었던 지도자들이 얼마나 많은 오판과 실수를 저질렀는지 알아야만 한다.

  11세기 십자군 전쟁의 지도부와 20세기 걸프전의 미국이 똑같이 보급 문제로 머리를 부여잡았다는 사실은 전쟁을 수행하는 방식이 크게 달라지지 않았다는 것을 의미한다. 과거를 통해 전쟁을 이해하고 그것을 수행

하는 과정을 알아보면 전쟁이 어떤 의미를 가지고 있는지 충분히 도출해 낼 수 있다. 보급과 정찰, 외교와 배신, 종교와 민족…… 복잡하고 흐릿하게만 보였던 전쟁들도 이 책을 읽다 보면 그 실체가 서로 너무나 비슷하다는 사실을 어느새 깨닫게 될 것이다. 책을 덮고 난 뒤 독자 여러분이 지도자들의 어리석음에 웃음을 터뜨릴지, 그들의 어리석음에 희생되고 고통받은 사람들을 생각하며 눈물을 보일지는 모르겠다. 하지만 한 가지는 확실하게 이야기할 수 있다. 전쟁은 변하지 않았고 우리와 같은 민중들의 처지는 예나 지금이나 그대로라는 사실을.

2022년 11월 23일
글 작가 살라흐 앗 딘

차례

서문　**전쟁은 변하지 않는다** … 4

1장　**나는 해적… 아니, 페르시아 왕이 될 거야!** … 12
　　　이소스 만 전투 편 - 기원전 333년

2장　**알렉산더 대왕의 꿈은 끝나지 않아!** … 24
　　　가우가멜라 전투 편 - 기원전 331년

3장　**트롤이 제일 쉬웠어요** … 32
　　　민중 십자군 편 - 1096년

4장　**신께서 원하신다!** … 61
　　　1차 십자군 편 - 1096년

5장　**나 너무 많은 일이 있었어** … 87
　　　2차 십자군 편 - 1147년

6장　**가지지 못한다면 다 부숴버리겠어** … 110
　　　하틴 전투와 예루살렘 함락 편 - 1187년

7장	**그러나 이 매치가 성사되는 일은 없었다** … **124**
	3차 십자군 편 - 1189년

8장	**설득력이… 있어!!!** … **135**
	4차 십자군 편 - 1202년

9장	**상남자 특) 죽이 되든 밥이 되든 16번 꼬라박음** … **155**
	크레시 전투 편 - 1346년

10장	**내 시체를 받아줄 기독교인은 없는가!** … **165**
	콘스탄티노플 함락 편 - 1453년

11장	**하하하! 셋 다 불 화 자라네!** … **182**
	칼레 해전 편 - 1588년

12장	**으하하, 굿바이, 아듀, 사요나라다. 영국!** … **199**
	미국 독립 전쟁 편 - 1775년

13장	**엄마야~ 엄마야~ X구멍이 따가워** … **215**
	워털루 전투 편 - 1815년

14장   **마차를 몰고 가서 남부 놈들 머리통을 다 날려버리겠어!** … **231**
노예제도와 남북전쟁의 시작 편 - 1861년

15장   **그놈의 군화가 뭐길래** … **240**
게티즈버그 전투와 남북전쟁 종결 편 - 1863년

16장   **나, 강림. 독일 제3제국, 확정** … **250**
2차 세계대전 히틀러 편 - 1934년

17장   **하, 하지만!! 이러지 않으면 유럽쨩이 날 바라봐주지 않는걸!!!** … **263**
히틀러와 독일 재무장 편 - 1939년

18장   **???: 졌지만 잘 싸웠으니까 어서 와서 한 잔 해~** … **276**
뮌헨 협정과 폴란드 침공 편 - 1939년

19장   **아르덴 숲을 지나서 가자~♪** … **289**
2차 세계대전 프랑스 침공 편 - 1940년

20장 **두체는 아가야… 지켜줘야해** … 298
영국 본토 항공전과 북아프리카 편 - 1940년

21장 **내가 스탈린을 화나게 만들었다. 나는 소련을 지배할 수 있다!** … 313
바르바로사 작전과 모스크바 공방 편 - 1941년

22장 **네 눈에는 내가 루마니아 사람으로 보여? 너 포위된 거야** … 327
스탈린그라드 전투 편 - 1942년

23장 **우리는 가장 위대한 정치인으로 역사에 남을 것이다.
아니면 역사상 가장 악랄한 범죄자로** … 339
노르망디 상륙작전과 독일의 패망 편 - 1945년

24장 **나는 미국의 X알을 움켜쥘 거요** … 350
쿠바 미사일 위기 편 -1962년

사진 및 그림 출처 … **360**

1장

나는 해적… 아니, 페르시아 왕이 될 거야!

— 이소스 만 전투 편 —
기원전 333년

커뮤니티에 달린 댓글들

주영숯각**님의 댓글**
진짜 재미있게 잘 그렸다 ㅋㅋ

태클**님의 댓글**
어허 왜 이제야 오셨습니까
댓글 쓰실 시간에 빨리 더 만들어 오시길 바랍니다
항상 재미있게 잘 보고 있습니다

내몽**님의 댓글**
맨날 짤로 봤는데 만화도 재밌네요 ㅋㅋㅋㅋ
그리고 어디서 본 그림체인가 했더니 압둘님… 앞으로도 잘 부탁드려요

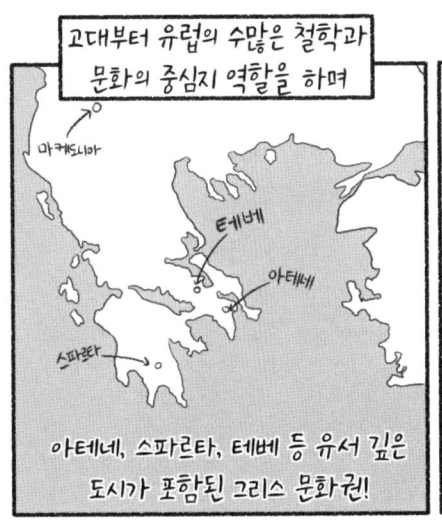

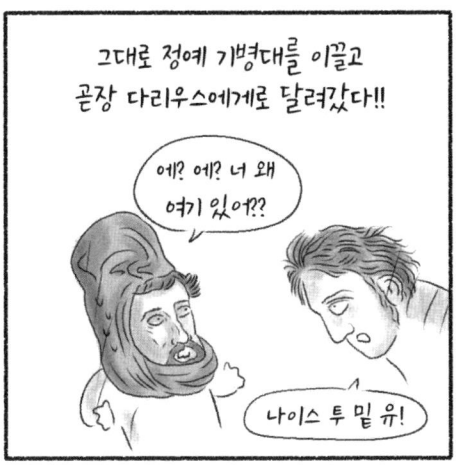

그렇게 이소스 만 전투는 알렉산드로스의 압승으로 끝났고,

다리우스는 약간의 병력과 함께 겨우 목숨을 구해 도망칠 수밖에 없었다.

다리우스가 얼마나 혼비백산하며 도망쳤는지, 그의 어머니와 부인, 딸까지 모두 알렉산드로스에게 포로로 잡혔고

결국 다리우스는 굴욕적인 평화 협정 제안을 보낼 수밖에 없었다

하지만 야망이 넘치던 알렉산드로스는 이 제안을 거절해버리고,

다시 남하하여, 페르시아를 휩쓸기 시작한다!

2장
알렉산더 대왕의 꿈은 끝나지 않아!

- 가우가멜라 전투 편 -
기원전 331년

커뮤니티에 달린 댓글들

feve * * * * 님의 댓글
정말 재밌네요 그림도 잘 그리시구
학습만화 하시면 딱이시겠어요

이르 * * 님의 댓글
존나 명작

야생 * * * 님의 댓글
만화 재미있게 봤습니다 ㅋㅋㅋ

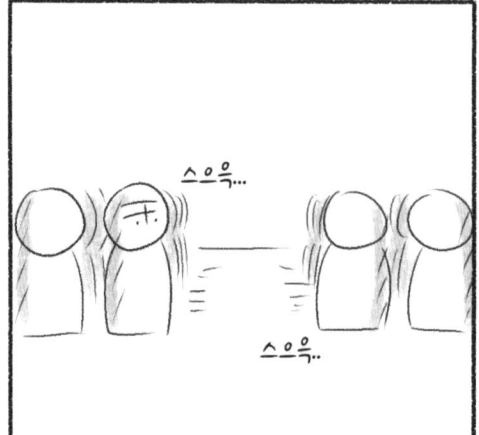

그렇게 페르시아의 전차를 마케도니아군의 전열 사이로 내보내주었다.

이어서 달려온 페르시아 기병대와, 진격을 시작한 마케도니아 보병대가 힘겨루기를 했지만,

이번에는 페르시아군도 쉽사리 무너지지 않았고,

오히려 마케도니아군 중앙이 돌격하며 상대적으로 좌익이 뒤쳐지게 되자

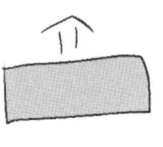

그 틈새를 페르시아 기병대가 꿰뚫었으며,

우익 역시 페르시아 기병대의 맹공을 받으며 전투에 휘말리자

오히려 중앙이 고립되어 버렸다!

   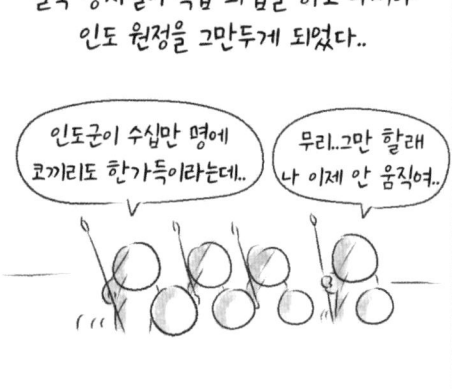  

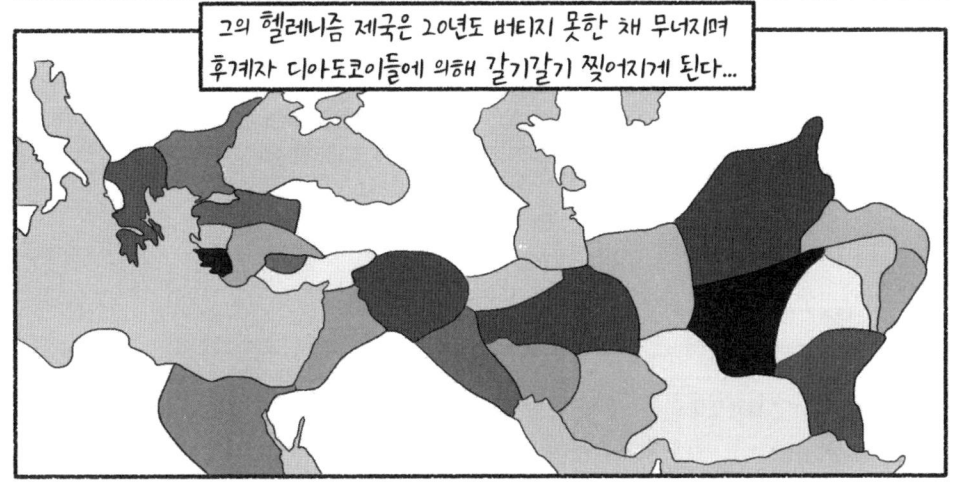

3장

트롤이 제일 쉬웠어요

— 민중 십자군 편 —
1096년

커뮤니티에 달린 댓글들

gali * * * * 님의 댓글
몇 번을 봐도 개어이없는 민중 십자군이군요 ㅋㅋㅋ

베르 * * 님의 댓글
만화 개귀엽고 진짜 재밌다ㅋㅋㅋㅋㅋ 감사합니다 살라딘쨩

종각 * * * 님의 댓글
개같이 털리고 분열되던 나라를 추스린 알렉시오스님

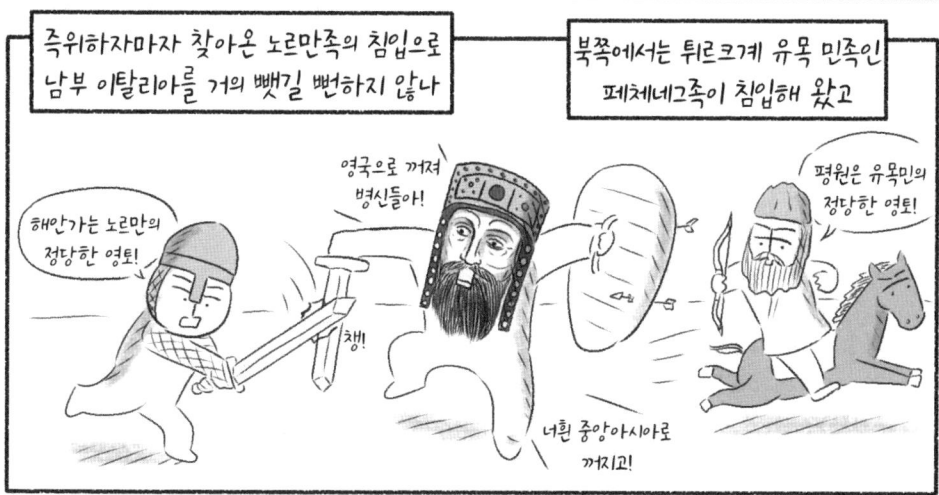

마태복음 11:28-30

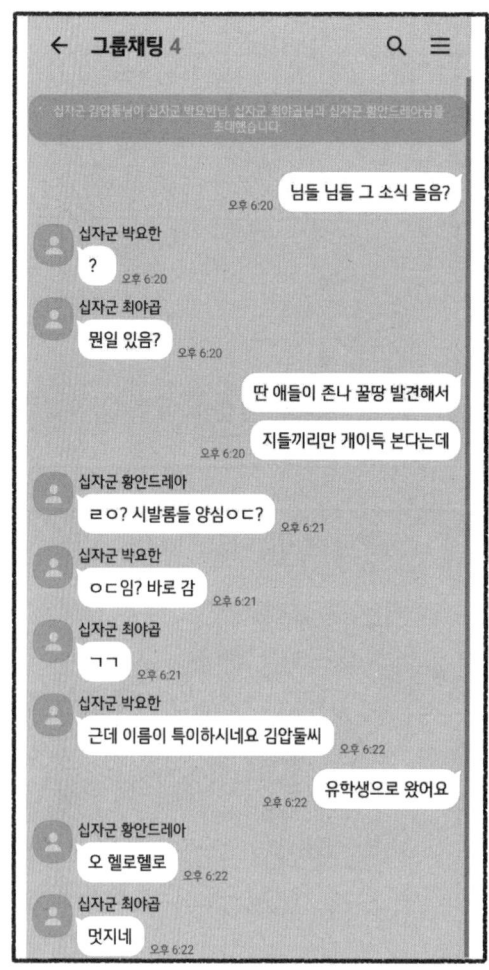

4장

신께서 원하신다!

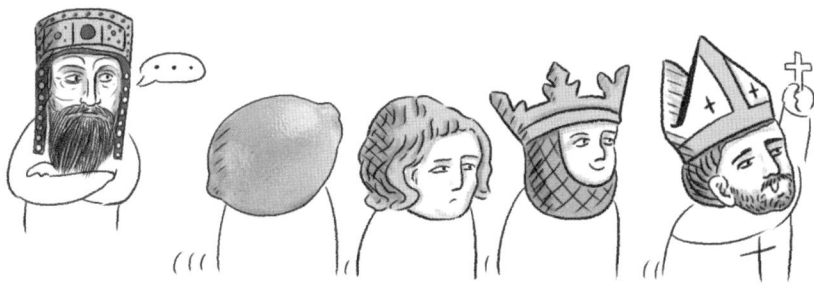

— 1차 십자군 편 —
1096년

커뮤니티에 달린 댓글들

시그＊＊＊님의 댓글
조별과제 그 자체 ㅋㅋㅋ

Agos＊＊＊＊님의 댓글
바실렙스들의 좆간질과 외교 만렙으로 중흥 했으나 무능한 통치자가 조카 멱 따고 찬탈하자 마자 무너져 버린 콤니노스 ㅠㅠ

엘사가＊＊＊＊님의 댓글
만화랑 같이 보니까 새롭네요

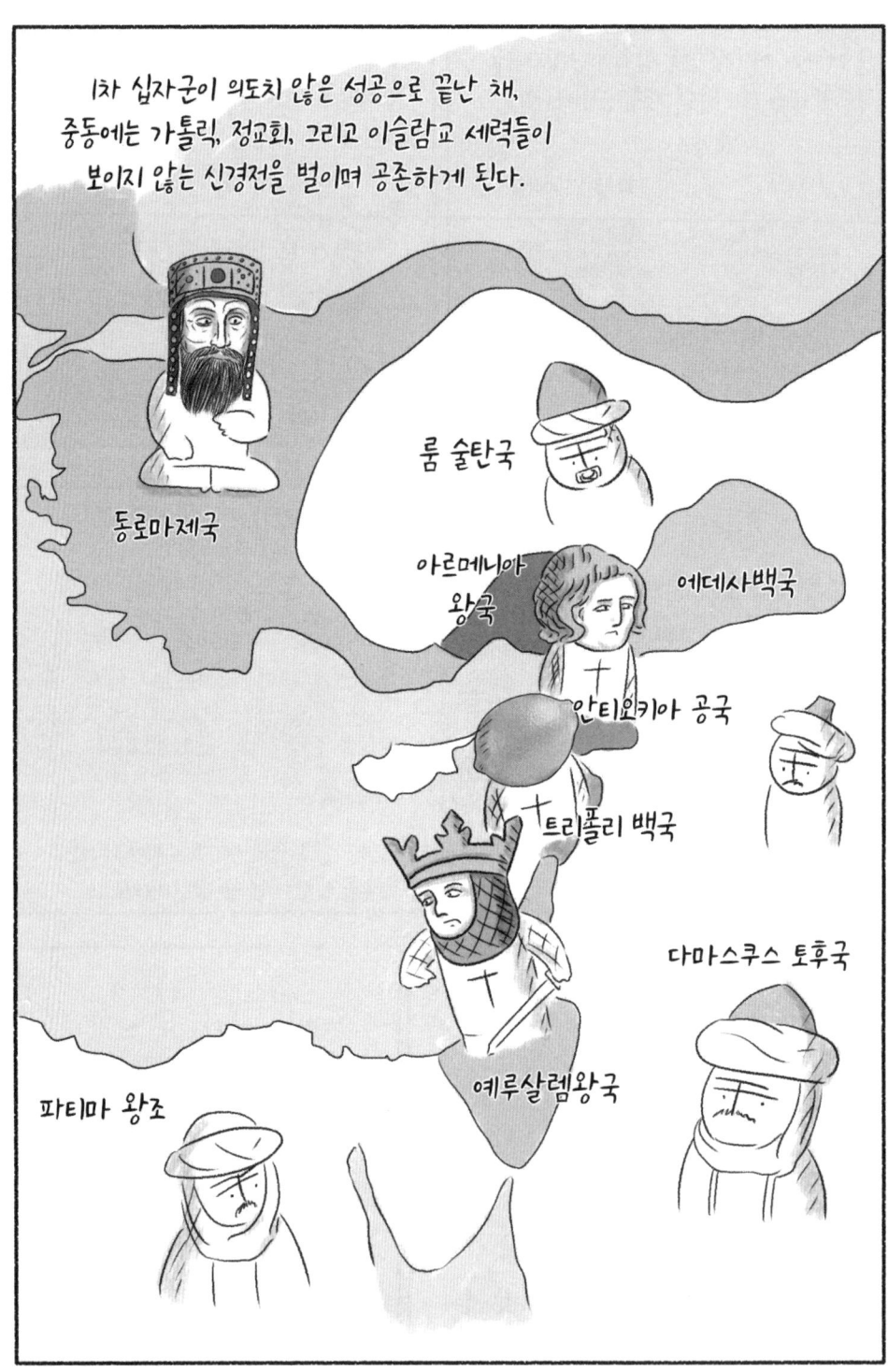

5장

나 너무 많은 일이 있었어

— 2차 십자군 편 —
1147년

커뮤니티에 달린 댓글들

폭 * 님의 댓글
예로부터 십자군에서 트롤링을 빼면 남는게 없었다

클리토A * * * * 님의 댓글
왔구나 내 약

루마니 * * * * 님의 댓글
문제가 없으면 십자군이 아니지!

그렇게 열린 것은 다름아닌 상품 보에몽을 둔 경매.

안티오키아의 공작이 판매상품인 만큼 참가자들도 만만치 않았는데,

기호 6 아마드 앗딘 장기

이슬람으로! 대동단결!

그의 이름은 이마드 앗딘 장기

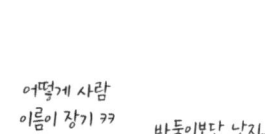

어떻게 사람 이름이 장기 ㅋㅋ 바둑이보단 낫지..

반십자군 지하드를 시작한 장기에 의해 에데사 백작령이 함락되자,

너 함락됐어. 너도 함락되지 않게 조심해.

예루살렘 왕국은 큰 위기감을 느끼게 되었는데…

조심해야 할 건 아무래도 우리인데..

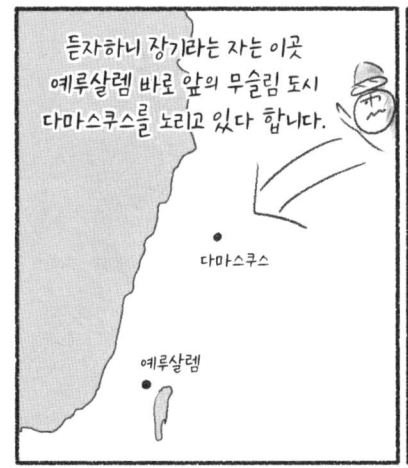

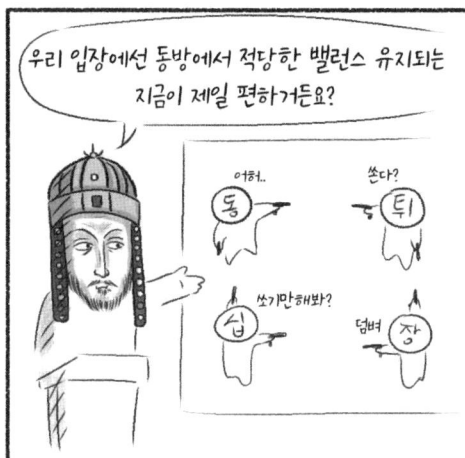

6장
가지지 못한다면 다 부숴버리겠어

— 하틴 전투와 예루살렘 함락 편 —
1187년

커뮤니티에 달린 댓글들

폭 * 님의 댓글
기사단돌격은 로망인데 한 놈은 로망이 아니고 노망이었네

츠바 * * 님의 댓글
십자군 전쟁 동안 르노 드 샤티용만한 트롤러는 없는듯

아이 * * 님의 댓글
보두앵이 나병만 아니었어도..

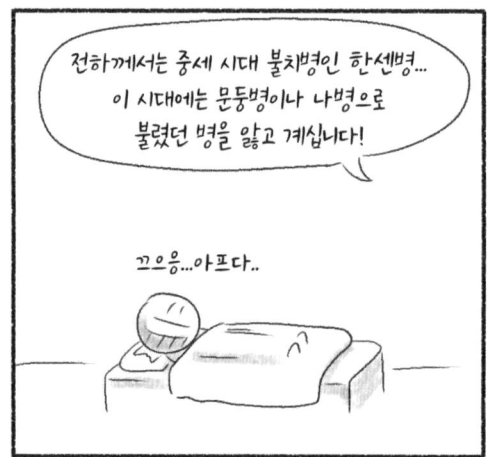

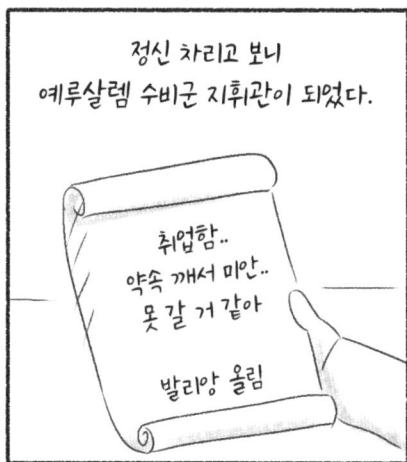

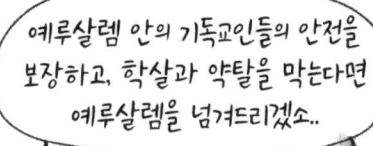

7장

그러나 이 매치가 성사되는 일은 없었다

- 3차 십자군 편 -
1189년

커뮤니티에 달린 댓글들

그게아 * * * 님의 댓글
유일하게 "왕들의 전쟁" 다웠던 3차 십자군 전쟁.
사실 유럽이 원사이드하게 발려야 정상이었는데 리차드 원맨 캐리로 모양 좋은 판정패로 마무리 된 것까지 참 드라마가 풍부한 전쟁이었는데. 희한할 정도로 날이 갈수록 인지도가 떨어지는 것 같아요. 3차 십자군 배경의 가장 유명한 영화가 [로빈후드] 라는 게 유머 ㅎㅎ

게르만 * * * * 님의 댓글
십자군 특) 좀 하다가 금방 파토남
다음차가 전설의 도제님 등장이신가

OCTA * * * * 님의 댓글
어릴때 아무것도 모르고 십자군 관련 책 처음으로 접하고 받았던 충격이란..
난 십자군이라길래 주님의 성스러운 전사들인줄 알았지 ㅋㅋㅋㅋ

8장

설득력이… 있어!!!

— 4차 십자군 편 —

1202년

커뮤니티에 달린 댓글들

nosa**님의 댓글**
베네치아:흐뭇!
오스만:???베네치아님?어서 와서 맞으시죠!

유동닉*님의 댓글**
맹인 장사치 수괴 따위가아아...!
천년 제국을...! 고오오얀 것...!!

갈라*님의 댓글**
씹네치아는 보면 볼수록 전설이다 진짜ㅋㅋㅋㅋㅋ

너, 나하고 일 하나 같이 하자

엔리코 단돌로가 십자군을 이끌고 도착한 곳은 난데없는 동유럽의 해안가였다.

퇴거 명령에 빡친 십자군은 맹공격으로 수도 콘스탄티노폴리스를 함락시켜 버렸다.
그리고 이번에는 협상 따위로 군자금을 보충할 생각이 없었다.

그들은 지금껏 한번도 함락된 적 없는 동로마의 수도를 약탈하기 시작했다.
교회와 수도원, 묘지에 궁전까지 모든 도시가 불타고 파괴되었다.
이는 무려 3일 동안 계속되었으며,
그들은 이전 황제가 약속한 금액의
4배가 넘는 자금을 얻을 수 있었다.

그러나 이들은 약탈한 자금으로 다시 원정을 떠날 생각은 추호도 없었고,
중앙 정권이 붕괴된 동로마를 자신들의 입맛대로 갈라 먹었다.
중요 무역항구와 조계지가 베네치아 손에 들어갔고,
그 외 부분은 '라틴 제국'이라는 이름의 괴뢰 십자군 국가를 세운 것이다.

열쭈좋다

다 내꺼야

흠...

젠장..

동로마라는 강력한 방파제가 팀킬로 무너진 뒤,
아나톨리아에는 튀르크인들이 득세하게 되고
십자군은 본의 아니게 이슬람교도들을 도와준 셈이 되고 만다....

9장
상남자 특) 죽이 되든 밥이 되든 16번 꼬라박음

— 크레시 전투 편 —

1346년

커뮤니티에 달린 댓글들

리즈의 * * * * 님의 댓글
개노답이네 ㅋㅋㅋㅋㅋㅋ

DP * * 님의 댓글
저러니 장남이 결국 런던까지 포로로 잡혀갔지 ㅋㅋㅋ

피로회복 * * * * 님의 댓글
그냥 나라를 뺏겨도 할말없을 졸전인데 ㅎㅎ

10장

내 시체를 받아줄 기독교인은 없는가!

— 콘스탄티노플 함락 편 —
1453년

커뮤니티에 달린 댓글들

히오＊＊＊님의 댓글
"로마도, 황제 직위도 모두 주겠다! 살려만다오!"

월드무＊＊＊님의 댓글
살려만다오 드립치는 사람들때문에 난 처음에 콘스탄티누스 11세가 무슨 선조급 인조급 비굴한 지도자인줄 일았음. 내 친구들도 콘스탄티누스 황제보고 "살려만다오! 한 비굴한 황제 아님?" 이라고 알고 있었다가 내가 사실을 알려주고 나서야 "끝까지 싸운 사람이였구나" 하고 알게됐고 아무리 밈이라도 왜곡된 밈으로 역사를 잘못 아는 사람들도 많을거라는거임

이노＊＊님의 댓글
사공이 많으면 배가 정말 산으로 간다

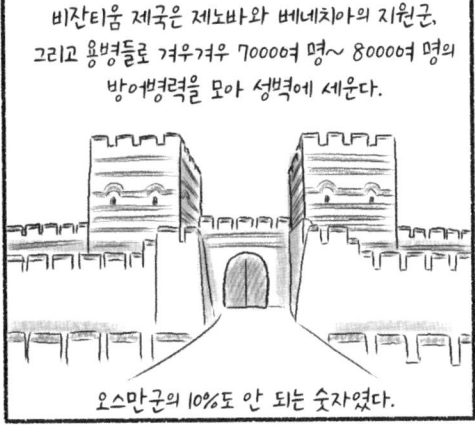

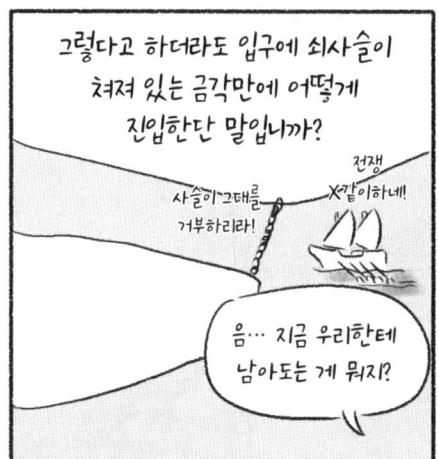

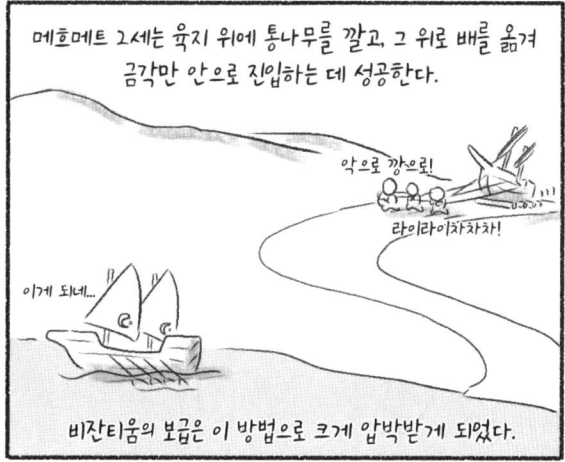

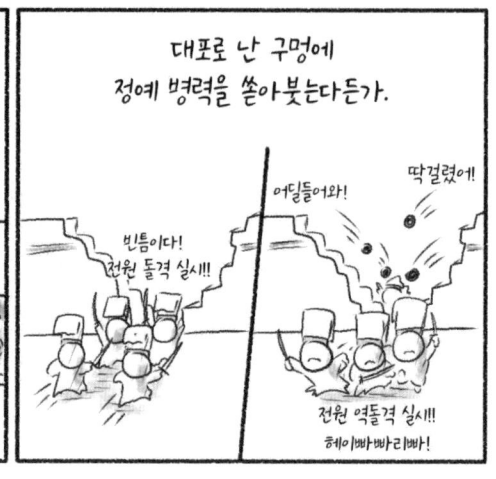

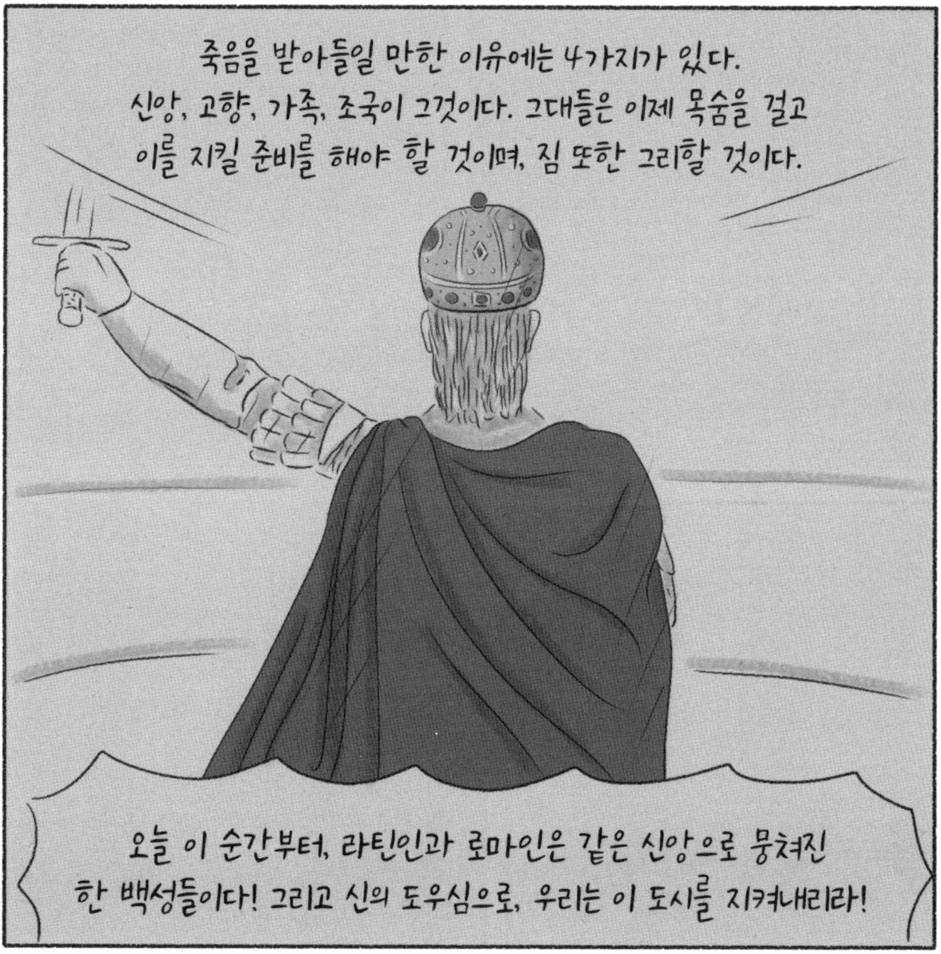

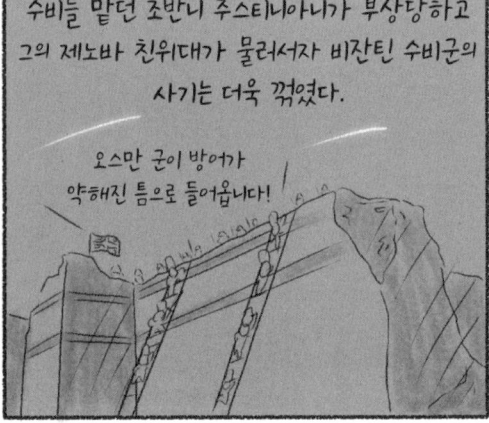

꾸준한 오스만군의 공격은 보이지 않는 비잔틴 군의 피로를 누적시켰고,
결국 마지막 공세를 막지 못한 비잔티움 제국은 멸망한다.
황제는 최후의 순간 오스만군에게 돌격하여 전사하였다.

4차 십자군에게 약탈을 당한 지 수백 년이 흘렀지만,
이 도시는 다시 한번 약탈당해 주민들의 피로 강을 이루게 된다.
살아남은 사람들도 도시를 탈출하지 못했다면 노예가 되는 길뿐이었다.

11장

하하하! 셋 다 불화 자라네!

- 칼레 해전 편 -
1588년

커뮤니티에 달린 댓글들

공태야**님의 댓글**
어렸을 때 생각하기로 전쟁은 임요환 컨트롤 하듯이 제일 빠릿빠릿한 사람이 이기는줄로만 알았는데
나이먹고 보니까 멍청한 짓을 제일 안 하면 이기는 거 같음ㅋㅋㅋ 걍 히오스처럼 똥 많이 안 싸는 게 중요함
요즘 보니까 러시아군이 딱 똥쟁이 수준으로 하던데ㅋㅋ

사** 님의 댓글**
와...센스 좋고 재밌다.
다른 만화들까지 다 보는중인데
이거 책으로 발간해도 될 수준인데..

에뻽**님의 댓글**
전쟁사 보다보면 "상식적으로" 전쟁한다는게 생각보다 훨씬 어려운듯 합니다

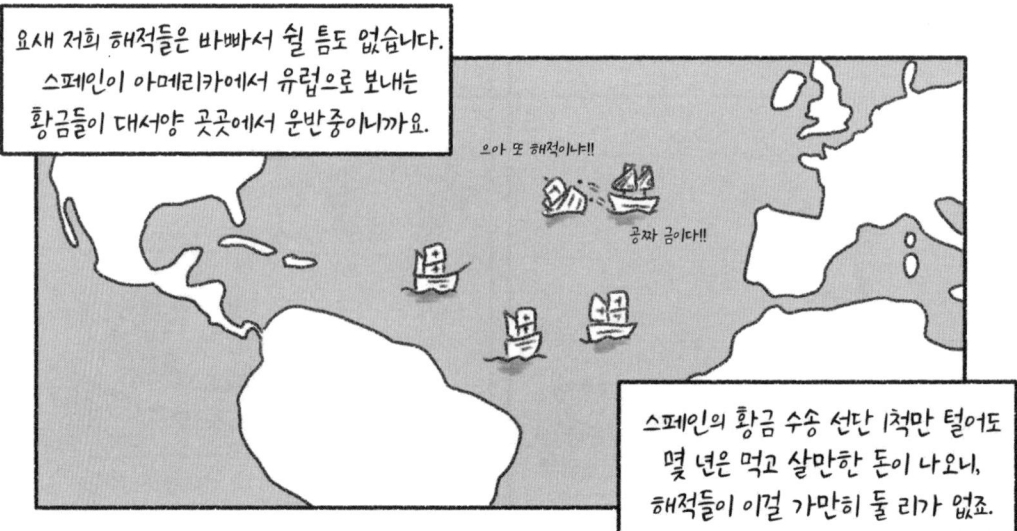

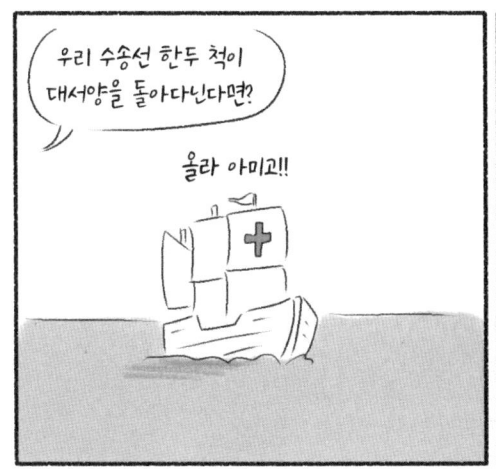

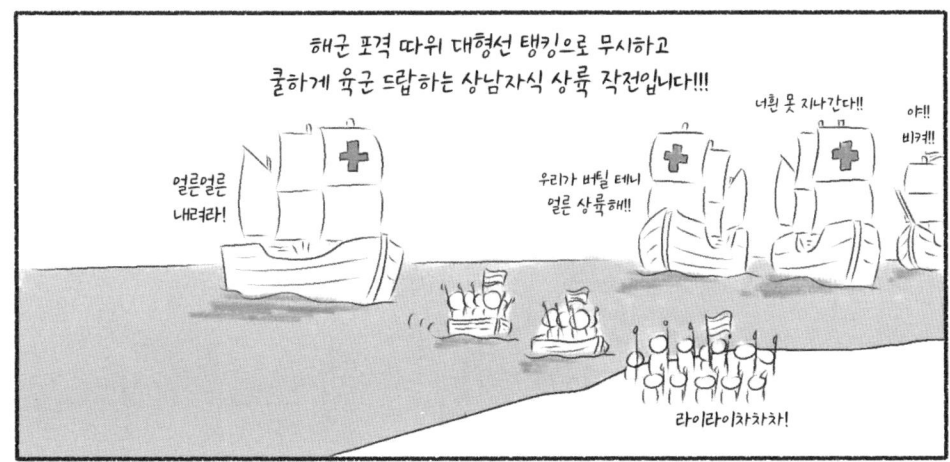

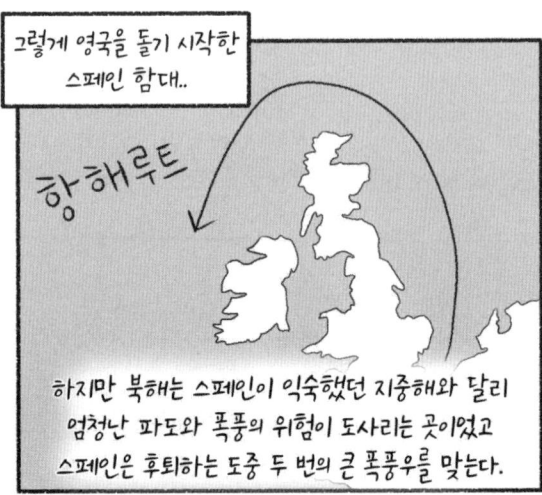

12장

으하하, 굿바이, 아듀, 사요나라다. 영국!

— 미국 독립 전쟁 편 —
1775년

커뮤니티에 달린 댓글들

지극히 * * * * 님의 댓글
굿바이선언?
그거 씹떡노래아닌가?
개좋음.

화이트 * * * * 님의 댓글
유럽사 보면 영국이 얌체짓을 많이 하긴해

볼셰비키 * * * * 님의 댓글
그러니까 아메리카 원주민들 신나게 회쳐먹으려고 독립했다 그거군요
이 미제 양키새끼들

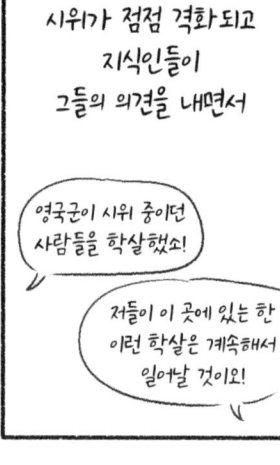

13장

엄마야~ 엄마야~ X구멍이 따가워

- 워털루 전투 편 -
1815년

커뮤니티에 달린 댓글들

늑대와함께 * * * * * 님의 댓글
아우스터리츠가 처음부터 끝까지 나폴레옹의 의도대로 완벽하게 요리된 전투였다면 워털루는 전 초전인 리니 전투 까지 포함해 그냥 되는 일이 하나도 없었던 불운한 전투였죠 ㅋㅋ
사실 파리에 수비하라고 남겨둔 다부만 같이 데리고 갔어도 워털루에서는 이기지 않았을까 라는 생각이 듭니다

전 * 님의 댓글
워털루 한줄요약 - "그루쉬는 어디 있는거야?!"

악 * * 님의 댓글
나폴레옹 수면법 관련 그 반례로 평소에 나폴레옹이 잘 잤으면 워털루에서 안 졌을 거라는 이야기가 ㅋㅋㅋ
* 실제 나폴레옹은 잠자던 시간을 아끼던 것이 아니라 제대로 못 자던 것이 맞지만...

14장

마차를 몰고 가서 남부 놈들 머리통을 다 날려버리겠어!

— 노예제도와 남북전쟁의 시작 편 —
1861년

커뮤니티에 달린 댓글들

피스＊＊＊님의 댓글
먼나라 이웃나라 같은 느낌 만화 굿이네요

oldbu＊＊＊＊＊님의 댓글
와 머리에 쏙쏙쏙...

Sen＊＊＊님의 댓글
적절한 드립 너무 재밌게 잘 봤습니다.

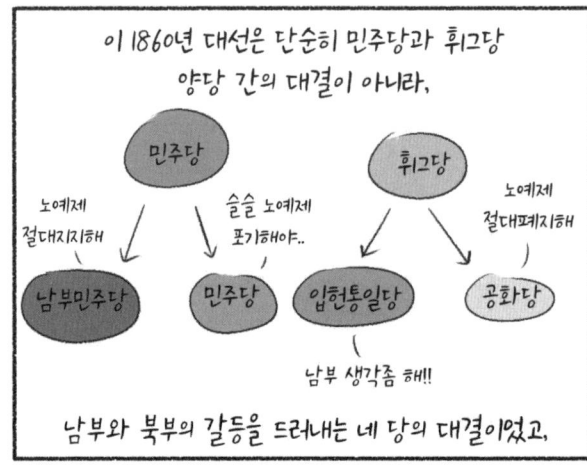

15장

그놈의 균화가 뭐길래

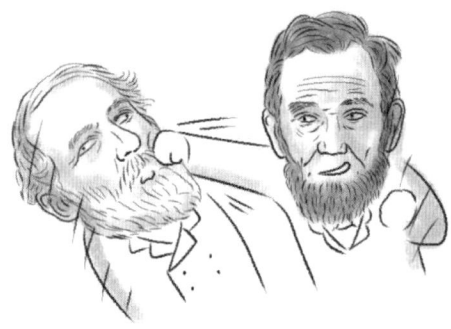

— 게티즈버그 전투와 남북전쟁 종결 편 —
1863년

커뮤니티에 달린 댓글들

How＊＊＊＊님의 댓글
무다구치 선생님! 정글에는 약탈할게 없어요! 정신차려요!

RBP＊＊＊님의 댓글
인류사적 의미에서 앤티덤
전쟁사적 의미에서 게티즈버그... 남북전쟁의 내막과 영향력은 근대사 그 자체라고 부를만도 합니다.

Ser＊＊＊＊님의 댓글
철학이 이렇게나 무서운 학문입니다

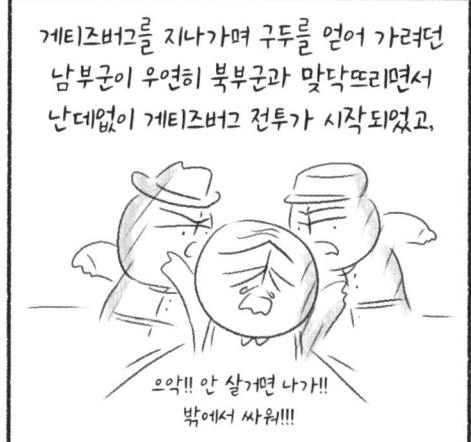

16장

나, 강림. 독일 제3제국, 확정

— 2차 세계대전 히틀러 편 —

1934년

커뮤니티에 달린 댓글들

닉뭐＊＊＊님의 댓글
1차대전을 직접 겪은 세대는 2차대전에 대해 어떻게 생각했을지 궁금하네

역사＊＊＊님의 댓글
보불전쟁에서 진게 그리도 억울하더냐

is＊＊＊님의 댓글
그 국가는 21세기에 또다시 러시아에 대항하여 재무장을 하는데....

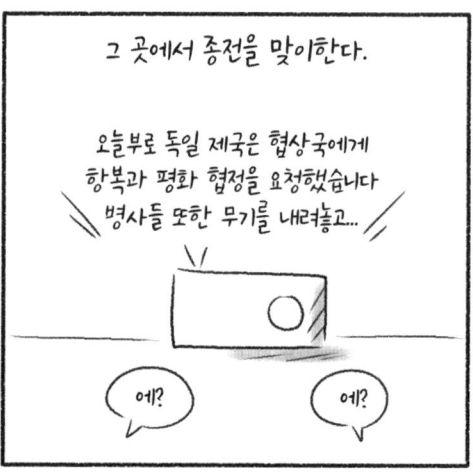

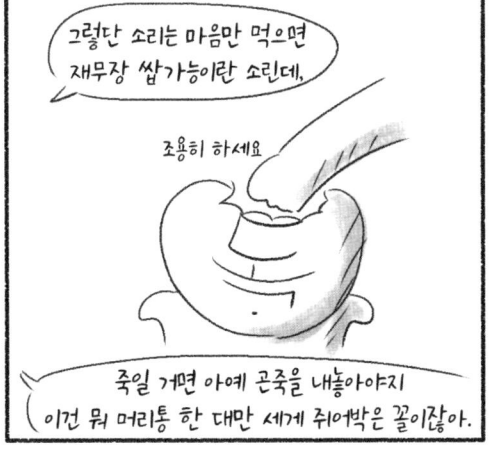

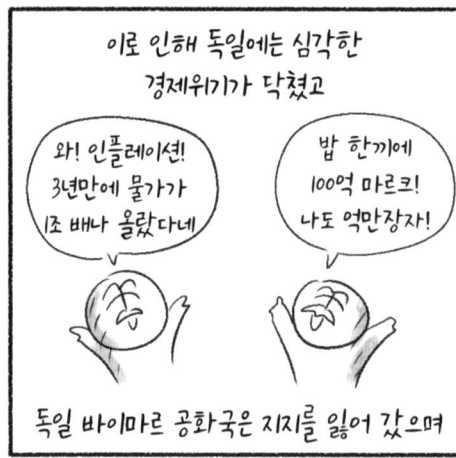

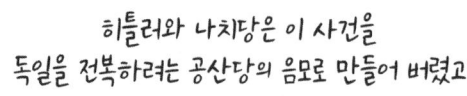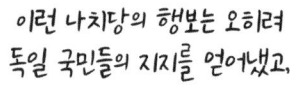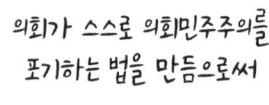

17장

하, 하지만!! 이러지 않으면 유럽짱이 날 바라봐주지 않는걸!!!

— 히틀러와 독일 재무장 편 —
1939년

커뮤니티에 달린 댓글들

Zero * * * * 님의 댓글
형 블로그 이런거 없나요? 역사 만화 정기적으로 보고 싶어요
너무 재밌습니다

카라타 * * * * 님의 댓글
1차대전 발생이유: 저새끼에게 강하게 나가면 저새끼가 쫄아서 군대를 물리겠지?
2차대전 발생이유: 저새끼에게 이번만 양보하면 전쟁은 피할 수 있겠지?

날 * * 님의 댓글
뭐야 평범한 폰지 사기 잖아

레벤스라움: 나치 독일이 체계화를 한, 국가나 민족이 생활과
생존을 위해 필요한 공간적 범위를 뜻하는 지정학적 용어

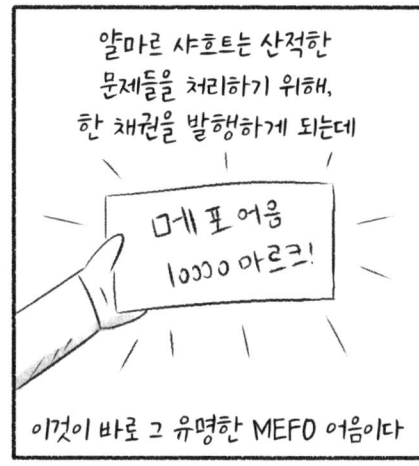

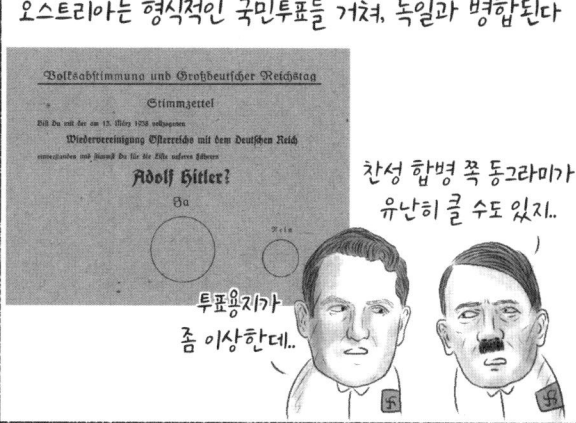

18장

???: 졌지만 잘 싸웠으니까 어서 와서 한 잔 해~

— 뮌헨 협정과 폴란드 침공 편 —
1939년

커뮤니티에 달린 댓글들

좋님의 댓글
오늘날 러시아와 싸우는 우크라이나를 폴란드가 돕는 건 어쩌면 이때의 자신들을 보는 것 같아서 아닐까요.

텐티*님의 댓글
이렇게 보면 41년 까지의 히틀러는 독일인들한텐 거의 뭐 신처럼 보였겠네

럼블*님의 댓글
당시 영프 입장 되보면 어느정도 이해되긴함
진짜 머리가 꽃밭이라 뮌헨협정 이후 손놓고 있던 거도 아니고 ... 불과 20여년 전에 수많은 젊은이들 갈려나간 트라우마도 있을 것이고 전쟁 준비도 안된 상황이니 ...

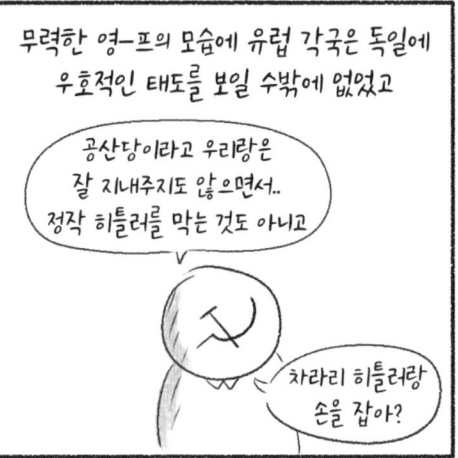

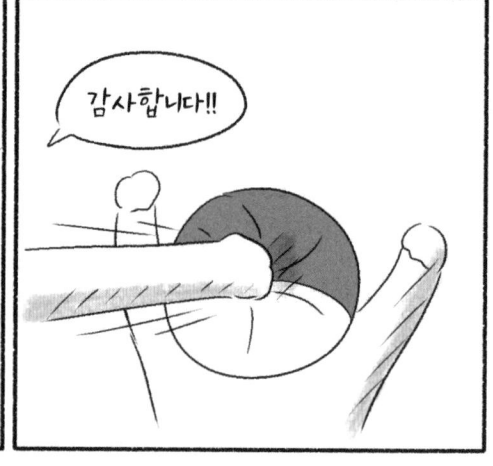

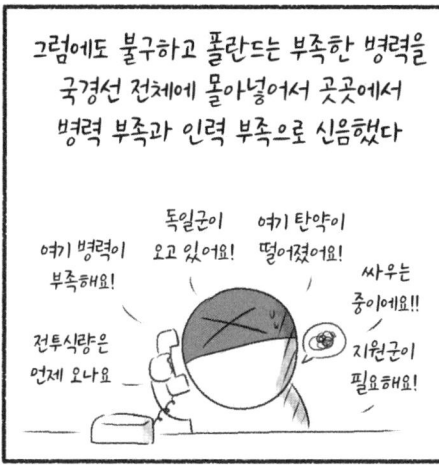

성능 좋은 폴란드 전차가 독일 전차 부대를
패퇴시키는 등 많은 활약이 있었지만,

 근데 왜 우리 지고 있는 거지?
 병력이 부족해요...

전쟁 개시 1주일 만에 폴란드 남부는
허무하게 무너져 전군이 후퇴해야만 했고

수도 바르샤바가 포위된 채
겨우 버티고 있었지만

 앗..아아..

9월 9일 시작된 브주라 전투에서

폴란드군 22만여 명 중 2만여 명이
전사하고 17만여 명이 포로로
잡히는 참패를 당하자

폴란드는 사실상 궤멸 상태에 놓였다.

이렇게 된 이상 아직 점령되지 않은
폴란드 동부를 거점 삼아 병력을
재집결해서 수비전을 펼칩시다.

독일군도 공세를 지속하기엔
부담이 있을 테니 버틸 수 있소!

독일군 역시 보급선이 늘어나고 탄약 재고가
떨어지면서 전쟁을 지속하기 어려워졌고

 크으...탄약이 부족해.. / 동쪽으로 튀자!

영-프 연합군까지 상대할 여력 역시
없었기에 해당 전략은 충분히 훌륭했으나,

 이제야 동쪽으로 도망쳐왔다.. / 여기서 새 출발을!

단, 한 가지 문제점이 있다면..

19장

아르덴 숲을 지나서 가자~♪

— 2차 세계대전 프랑스 침공 편 —
1940년

커뮤니티에 달린 댓글들

팔로***님의 댓글
프랑스 6주완성!

이루***님의 댓글
라인란트부터 프랑스정복까지 다 운빨로 해낸게 대단하다 로또10연속 당첨확률인가

야구탱킹****님의 댓글
아 근데 히틀러 지지율 높을 이유가 있긴하네 ㅋㅋ 폴란드랑 프랑스를 단번에 따버렸는데 누가 지지안하겠냐고 ㅋㅋ 허... ㅋㅋ

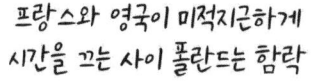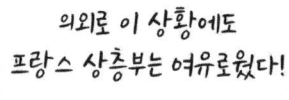

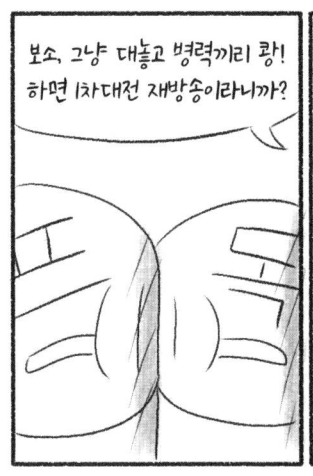

결국 프랑스군은 벨기에의 프랑스, 영국, 벨기에군들이 죄다 포위 섬멸당하는 것을 지켜볼 수밖에 없었다.

나름대로 영국군도 반격을 위해 분전했음에도 모조리 실패했지만,

그나마 히틀러가 기갑부대들이 지나치게 진격하는 것에 겁먹고 이를 멈춰 세운 덕에

덩케르크 철수작전을 통해 병력을 온존할 수 있었다.

영국군과 벨기에군이 이탈하고, 홀로 남은 절반의 프랑스군은 독일군이 파리로 진격하는 동안 치열하게 저항했지만

기세를 업은 독일군의 진격을 멈출 수는 없었다

결국 1달여 만인 6월 14일 파리가 함락되어 버렸다.

20장

두체는 아가야… 지켜줘야해

— 영국 본토 항공전과 북아프리카 편 —
1940년

커뮤니티에 달린 댓글들

포천고 * * *님의 댓글
독일에서 신이었던 히틀러가 병신이 되기 시작하는 지점...

안드 * * *님의 댓글
이집 만화 맛있네ㅋㅋ

뗄 * *님의 댓글
와 만화 겁나 재밌네여ㅋㅋㅋㅋ 인물들 얼굴 보는 재미가 쏠쏠함 ㅋㅋㅋㅋ

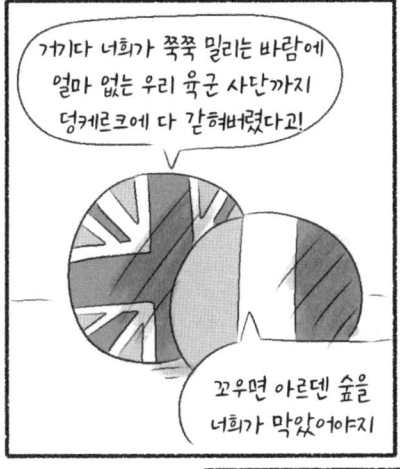

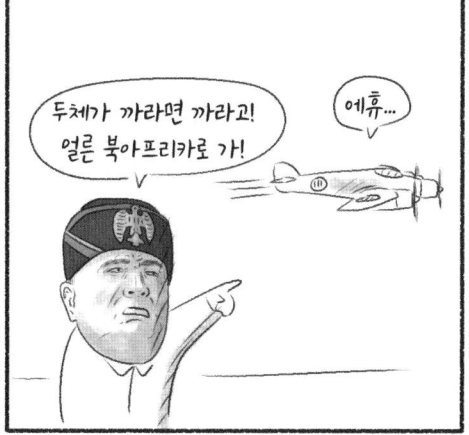

21장
내가 스탈린을 화나게 만들었다.
나는 소련을 지배할 수 있다!

— 바르바로사 작전과 모스크바 공방 편 —
1941년

커뮤니티에 달린 댓글들

놔는행**님의 댓글**
원숭이 손 그자체 ㅋㅋㅋ
"(러시아에게) 양면전선을 열어줘"
"알았다"

마이에**님의 댓글**
요즘은 이거 보는 맛이지 개추

소승*님의 댓글**
공장 이동하는거 귀엽네 ㅋㅋㅋ

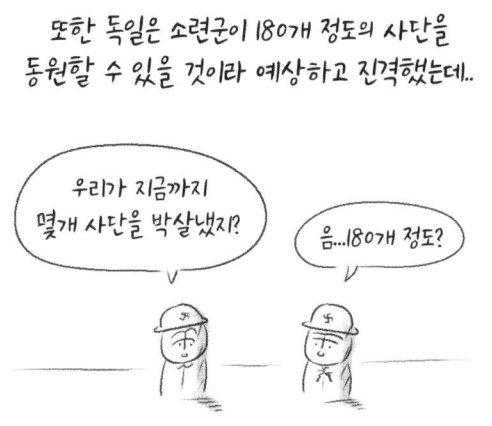

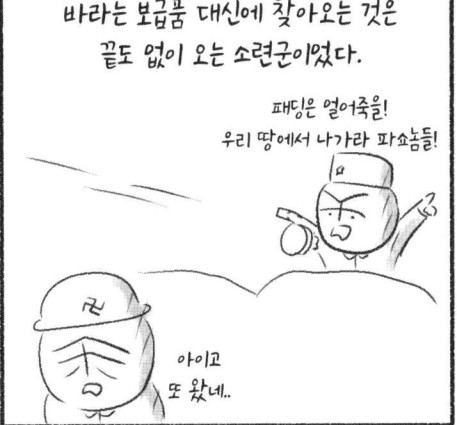

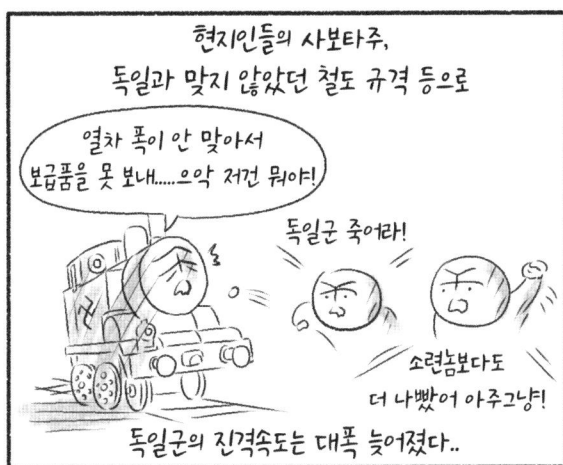

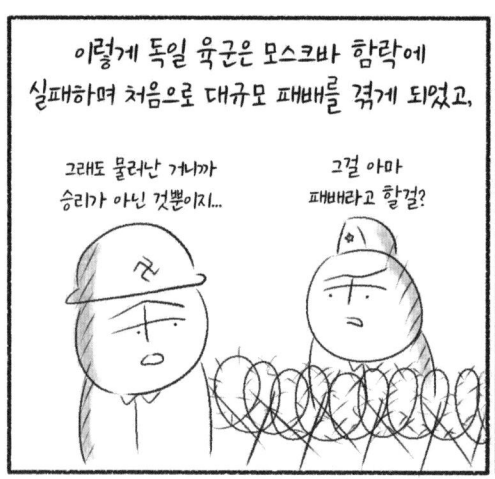

22장

네 눈에는 내가 루마니아 사람으로 보여? 너 포위된 거야

– 스탈린그라드 전투 편 –
1942년

커뮤니티에 달린 댓글들

에펨라이 * * * * 님의 댓글
도대체 콘돔은 왜 뿌린거야?

죽으라 * * * 님의 댓글
글 180개 가량을 보고 회원가입하는데에 걸리는 시간? "단 나흘"

고스 * * 님의 댓글
스탈린그라드가 이탈리아 병신짓의 나비효과가 가장 크게 드러난 전투중 하나가 아닌가 싶음
아프리카나 발칸에 들어갈 전력이 이탈리아 군이랑 같이 더해져서 투입됐다면 나치가 이기고 그 후 어떻게 될지 몰랐을거 같음

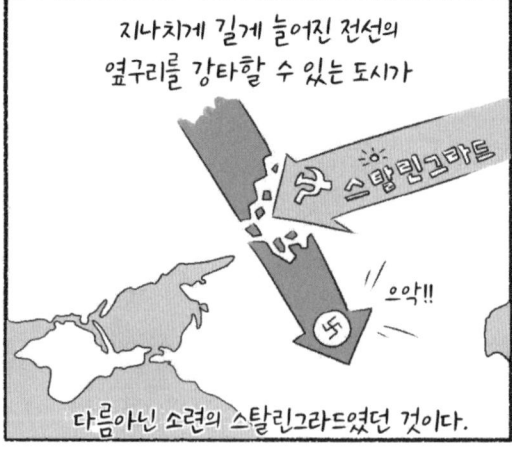

23장
우리는 가장 위대한 정치인으로 역사에 남을 것이다.
아니면 역사상 가장 악랄한 범죄자로

– 노르망디 상륙작전과 독일의 패망 편 –
1945년

커뮤니티에 달린 댓글들

만**님의 댓글
패튼 : 후방? 그딴건 느그들이 알아서 하고 난 진격한다.

좋**님의 댓글
총통님 달 뒤에 계신데 왜 날조를 하시죠?

후르***님의 댓글
이탈리아는 반갈죽 당한 독일이나 미국에 의해 아예 개조당한 일본에 비하면 진짜 잘 빠져나갔다 싶음
폴란드처럼 레지스탕스로 싸운 나라도 국제역학에 의해 소련에 넘겨지고
한국처럼 존나 뜬금없이 일본 본토도 아닌 식민지가 분할되는 경우도 있었는데
이탈리아는 뭐하나 제대로 제재 받은 것 없이 어물쩡 넘어갔네

폭탄을 터뜨려 히틀러와 그의 후임들을 죽인 뒤 연합군과 평화협정을 체결하려는 음모를 꾸몄지만

히틀러가 간신히 살아나면서 계획은 실패로 돌아갔다.

오히려 의심병이 도진 히틀러가 관련자들을 색출하기 시작하면서

"다 처벌해!!"
"그중엔 롬멜 장군도 있는데...어떡하죠.."

겨우 소련군에 맞서던 독일군을 더 큰 위기로 몰아넣었다.

"흥..내 알 바인가? 대신 자결과 처형 중에 선택할 기회 정도는 주도록."

이미 정상적인 판단이 불가능해진 히틀러는 마구잡이로 계획을 세우기 시작했으며

"그 놈의 방어 방어 방어!!! 그래서 언제 적을 무찌른단 거야! 진격하라고 진격! 진격!!"

"총통, 지금 남은 기갑 사단이 저희의 최후 방어선입니다.. 최대한 병력을 아껴서,"
"그만!!"

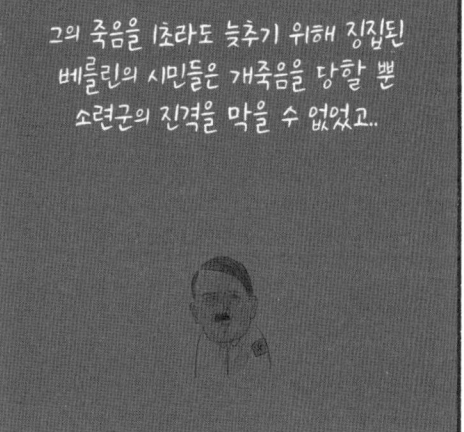
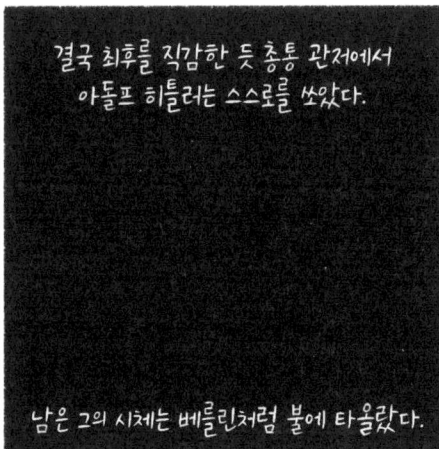

24장

나는 미국의 X알을 움켜쥘 거요

— 쿠바 미사일 위기 편 —

1962년

커뮤니티에 달린 댓글들

Ne * * 님의 댓글
떳다 내 야동

사 * * 님의 댓글
한 컷 한 컷 센스들이 미친 수준 ㅋㅋㅋ
존나 재밌네 ㅋㅋㅋ

나자렛몽 * * * * 님의 댓글
와 몰입력ㅋㅋㅋㅋㅋㅋㅋㅋㅋㅋ진짜 잘 만드셨다

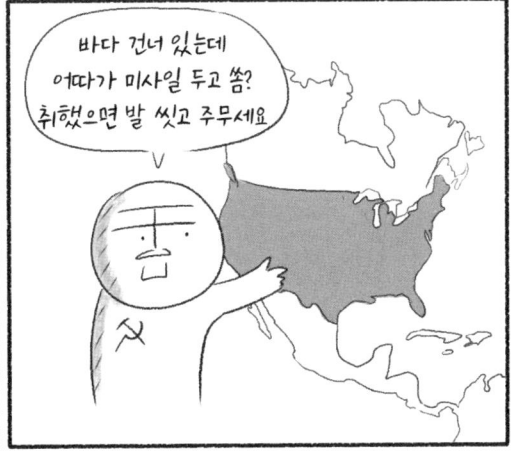

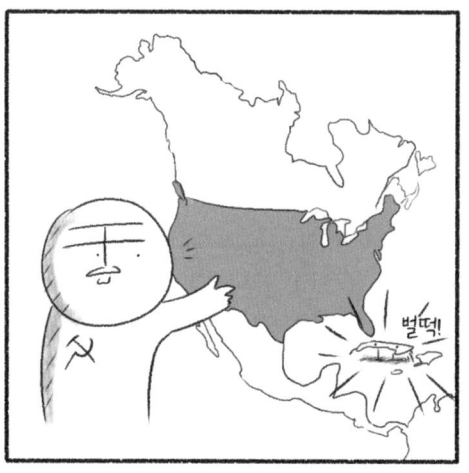

the end

사진 및 그림 출처

| 영국 본토 항공전 편 | 301쪽 |

https://commons.wikimedia.org/wiki/File:The_Return_from_Dunkirk-_Arrival_at_Dover_Art.IWMARTLD251.jpg

https://commons.wikimedia.org/wiki/File:British_troops_lifeboat_dunkerque.png

바르바로사 작전 편

314쪽

https://commons.wikimedia.org/wiki/File:Hitler_and_Stalin._Wonder_how_long_the_honeymoon_will_last%3F.jpg

321쪽

https://commons.wikimedia.org/wiki/File:Schlamm1941.jpg

326쪽

https://commons.wikimedia.org/wiki/File:Moscow_Strikes_Back_11-25_cheering_Red_Army_parade,_bayonets_fixed.jpg

스탈린그라드 편

332쪽

https://en.wikipedia.org/wiki/File:24._PzD_Stalingrad_15_09_1942.jpg
https://en.wikipedia.org/wiki/File:StalingradRus.jpg

333쪽

https://commons.wikimedia.org/wiki/File:62._armata_a_Stalingrado.jpg

337쪽

https://en.wikipedia.org/wiki/File:Field_Marshal_Paulus,_General_Heitz_and_other_German_officers_of_the_6th_Army_after_its_surrender.jpg

노르망디 상륙작전과 독일의 패망 편

343쪽

https://commons.wikimedia.org/wiki/File:Invasie_D_Day,_Bestanddeelnr_901-7934.jpg

347쪽: German Federal Archive(독일 연방 기록 보관소) 소장

https://commons.wikimedia.org/wiki/File:Bundesarchiv_Bild_146-1972-025-10,_Hitler-Attentat,_20._Juli_1944.jpg

348쪽

https://commons.wikimedia.org/wiki/File:American_tank_destroyers.jpg
https://en.wikipedia.org/wiki/File:Captured_German_Panther_tank_crewman_1944.jpg

349쪽

https://en.wikipedia.org/wiki/File:Polish_Army_1945.jpg

(Bundesarchiv, Bild 183-S62600 / CC-BY-SA)

https://ko.wikipedia.org/wiki/%ED%8C%8C%EC%9D%BC:Stars_%26_Stripes_%26_Hitler_Dead2.jpg